AF252322

LETTRE AUX ÉTUDIANS.

PAR

FELIX PYAT.

Cette lettre imprimée aux frais de nos amis de France, se vend pour couvrir l'amende du citoyen Vésinier, prisonnier de l'Empire en Belgique.

LONDRES.

1866.

LETTRE AUX ÉTUDIANS.

Chers amis, ou plutôt chers enfans, car nous avons âge
et coeur de pères pour vous, nous étions ce que vous étes,
il y a de ça long-temps, deux révolutions. Ne soyez jamais
ce que nous sommes, survivant à vos révolutions mortes,
témoins impuissants de réactions vivantes et réduits par la
vieillesse et l'exil à écrire quand il faut agir encore une fois !
C'est ce sentiment de regret qui fesait dire au poëte antique :
"Celui qui meurt jeune est favorisé des Dieux !" et au poëte
moderne : "Dieu, mes enfants, vous donne un beau trépas !"
Que le Dieu des bonnes gens vous garde donc de voir défaire
par un empire la république que vous aurez faite ! Qu'il vous
donne la grâce de mourir pour le droit le jour de la dernière
victoire, ou de vivre pour la maintenir contre le dernier ennemi ! Qu'il escompte votre vie d'une heure, votre vie d'a-
tôme, votre vie individuelle pour la grande vie collective,
pour l'immense et l'éternelle vie de l'humanité !

Nous n'avons pas eu cette grâce, mais nous comptons
bien sur une autre, celle de mourir de joie, comme fit le vieil
athlète en voyant vaincre ses fils. Quoique vieux, nous
avons la prétention de ne pas croire à la fin du monde ; quoique vaincus, nous espérons que d'autres vaincront. C'est
bien assez d'être nés sous le premier empire, sans avoir le
malheur de mourir sous le second. Nous espérons ne pas
emporter ce chagrin dans la tombe, qu'après deux essais
de république, la France ayant abouti à deux empires, n'est
décidément pas faite pour la liberté. Nous l'espérons par
vous. La mort s'en va confiante dans la vie ; notre vieillesse
a foi dans votre jeunesse ; notre défaite dans votre force.

Et c'est pourquoi nous vous écrivons cette lettre pour l'anniversaire de Février. *

C'est la lettre du passé à l'avenir. Elle pourra manquer de sagesse malgré l'âge ; elle ne manquera pas de sincérité ; c'est l'essentiel. Nous vous estimons trop pour vous flatter ; nous vous aimons trop pour vous blesser. Donc, nous retirons d'avance chaque mot qui dans les deux sens trahirait notre pensée, toute à votre honneur et à celui de la cause qui ne font qu'un. Mais nous vous devons la vérité. Le défaut des proscrits, c'est, dit-on, l'illusion et l'impatience. En tout cas, ils ont la vertu de leurs vices... la franchise. S'ils n'apprennent ni n'oublient rien, du moins ils disent tout. Non, certes, nous n'avons pas appris la servitude ni oublié la liberté. Oui, certes, nous sommes impatiens, parce que chaque heure d'empire sonne une naissance d'esclave et la mort d'une victime. Oui, nous avons l'illusion, mieux que ça, la conviction du triomphe prochain, du triomphe final, parce que nous croyons aux principes et en vous, védettes de l'avenir qui les soutenez après nous !

Mais à quel prix ce triomphe ? Par quels moyens vaincrez-vous ? Est-ce par exemple, par des voyages d'opposition et des délits à l'exétrieur ? par la politique ambulante, expectante et savante qui vous a menés l'an passé à Liège ? Là-dessus, permettez à notre âge qui ne peut plus guère que cela, le triste privilège du conseil. A quoi servirait de vieillir sans l'expérience qu'on doit léguer aux siens ? Permettez-nous donc de vous conseiller en '66 des vacances plus sédentaires qu'en '65, plus sédentaires et moins scientifiques, une politique plus actuelle, plus active et plus *at home*, comme dit l'Anglais. En ce temps de crise européenne, il n'est pas bon de quitter la maison. L'impérialisme qui a valu deux invasions à la France, y règne seul, et la république qui a fait la France une et sauve y manque toute entière. En effet d'où vous écrivons-nous cette lettre ? De Londres. Sur quoi ? Sur votre voyage à Liège. Nous, vieux républicains, nous ne pouvons écrire librement qu'en Angleterre, comme vous, les jeunes, vous n'avez pu parler librement qu'en Belgique. Le peuple français, après trois révolutions faites pour la liberté, en est réduit à quêter la liberté

* Cette lettre commencée le 24 Février, n'a pu être achevée, pour cause de santé, que le 26 Juillet. Heureusement, nous avons plus d'un anniversaire à rappeler.

des autres. Le peuple souverain n'a pas le droit de penser chez lui. C'est encore aujourd'hui comme avant les principes de '89. Liège ou Londres est notre liberté de la presse. Il faut sortir de France pour parler Français. Votre *meeting* a été comme les nôtres un *meeting* de réfugiés. Vous êtes proscrits dans votre pensée et votre parole, dans tous les droits de l'homme et du citoyen. La liberté n'est plus française. La liberté et la vérité sont bannies de France, expulsées, expatriées, à l'état de vagabondage et de mendicité, en asile à l'étranger. Tout ce qui pense et parle émigre, vos pères à Berne, leurs fils à Liège. Et pendant ce temps là que fait-on à Paris ? à Paris, le peuple fait grève et la révolution aussi !

Ainsi donc, la liberté dehors et l'esclavage dedans ! L'étude en voyage, le travail en chômage et la révolution en vacances comme l'étude et le travail. L'idée se promène, l'action se repose, la république s'oublie même de nom et l'empire a quinze ans. Voilà les faits. C'est grave et à votre charge. Notre exil ne serait rien sans vos absences. Pour la première fois, depuis un demi-siècle, les deux jumeaux du même lit, l'étudiant et l'ouvrier ne fraternisent plus. Chacun vit de son côté. L'ainé qui a le moyen va prendre ses eaux libérales. Le pauvre cadet se passe de bain et reste encrassé dans sa chaîne. L'Esaü de la faim plonge de plus en plus dans son plat de lentilles. L'étudiant monte de plus en plus à l'échelle de Jacob. La science en haut et l'auge en bas ! La tête est séparée du corps. Divorce complet entre les forces vives de la démocratie, comme une dissolution du parti ! Les deux éléments de la lutte, les deux moyens de vaincre ne se combinent plus ; et alors,... alors vive l'Empereur !

Mais vive l'Empereur c'est meure la France !

Voilà le mal ! à nous de le dénoncer ! à vous de le réparer ! Voici le remède : Union et action ! Hors de ce moyen point de salut ; la victoire est à ce prix.

Naturellement, nous ne sommes indifférents à rien de ce que vous faites. Nous suivons d'un oeil paternel votre politique sous l'empire. Et franchement, elle n'est plus celle des écoles sous les autres règnes, celle qui a toujours réussi, celle que nous vous conseillons de reprendre, celle de l'union et de l'action. Vous êtes, dites-vous, athées, socialistes et révolutionnaires. Il n'y parait pas. Malgré tout votre matérialisme, votre politique a été idéale, plus théorique que pratique, moins positive, moins agressive que platonique et pacifique ... non par peur, bien entendu, vous êtes trop bons athées pour adorer cette idole. Mais enfin, vous croyez un peu à la Déesse Raison. Pour votre age nous aimerions mieux la Déesse Passion. Vous vous êtes plus fiés à l'effet des idées qu'à celui des actes. En un mot, vous avez craint de troubler l'ordre. Vous avez écouté les maçons de l'édifice qui vous ont promis la couronne si vous étiez sages. Pour concilier sagesse et devoir, prudence et conscience, couronne et révolution, vous avez mis toute sorte de réserves et de sourdines à vos moindres manifestations. Vous avez protesté raisonnablement, discrètement, de hors, de loin. Vous avez crié vive la république ... américaine ! et àbas les tyrans...morts ! Vous avez fait de l'insurrection buissonnière, de l'émeute à distance, des congrès chez les autres, laissant chez vous le progrès aux bras croisés du peuple, aux soins de la presse autorisée, de la tribune assermentée et aux futures générosités d'unautre 24 Novembre ; comme si la révolution pouvait se passer de révolutionnaires ; comme si la parole esclave n'était pas pire que le silence ; comme si le *Moniteur* véridique cette fois n'avait pas déclaré net que tout est parfait dans l'édifice de Décembre et que ceux qui rêvent de l'additionnel aux constitutions de l'empire sont des " mal intentionnés ;" comme si enfin le sénat ne venait pas de nous donner pour additions des soustractions.

Quoiqu'il en soit, tous les voyages au pays de l'astrologue ou ailleurs n'en rapporteront pas la couronne. Rien de mieux sans doute que ces parlements internationaux et ce *free trade* de la pensée humaine ; mais à la condition d'égalité et de réciprocité. L'hospitalité honore plus ceux qui la donnent que ceux qui la reçoivent. S'il est beau de prêter sa liberté, il l'est moins de l'emprunter. Vous êtes trop bons socialistes pour ne pas vouloir l'échange, en fait de droits surtout. Qu'importent vos discours aux Corinthiens, si vous êtes muets en France. Vous vous serez fort distingués à Liège sans doute. L'almanach de Laensberg pourra en dire un mot, sauf à se voir prohiber comme *l'Indépendance*. Mais pendant ce temps là l'empire instruit les Français. Tandis que vous êtes à la recherche du meilleur des enseignemens, il vous attend au retour avec le sien, avec le conseil de l'université et la charge en douze temps.

Les Byzantins discutaient quand le Turc étoit à leur porte ; vous discutez à la porte, quand le Turc est dedans.

En repassant la frontière vous avez laissé votre éloquence à la douane, votre liberté au bureau comme un ballot de contrebande et vous en avez été pour vos frais de voyage, l'arrêt universitaire et la grâce impériale par dessus le marché. Votre peine a été la mesure de votre mérite. Car il y a eu mérite, puisqu'il y a eu peine. Oui, et après tout, c'est mieux que rien. Vous avez agi ! — Tard ! — mieux tard que jamais. — Dehors ! — mieux dehors que nulle part. — Seuls ! — mieux seuls que personne. La preuve, c'est que vous en avez mis d'autres en goût d'action. Et comme l'appétit vient en mangeant, vous — mêmes, vous vous êtes dit que pour tant faire que d'être punis, il fallait l'être pour quelque chose ; que pour avoir la peine, il fallait risquer le profit. Le châtiment a stimulé en vous le sentiment du devoir. Vous avez compris enfin l'insuffisance de votre politique. Vous avez compris qu'il faut agir non pas seuls mais avec le peuple ; non pas de loin mais de près, non pas dehors mais dedans ; que japper n'est pas mordre ; qu'il importe d'être athée à l'archevêché, socialiste à l'hôtel-de-ville et révolutionnaire aux Tuileries. Vous avez compris que ce n'est pas tout d'avoir du coeur *in partibus*, de combattre à cent lieues de l'ennemi et de vaincre *extra-muros !* Vous avez compris que l'Aventin n'est pas le Forum ; que vous ne prendrez pas le Louvre à Liège ; que la France n'a pas besoin qu'on la délivre en Belgique ou en Suisse ; que les Suisses et les Belges qui ont de la liberté à nous revendre n'ont que faire de nos leçons et que nous n'avons pas trop de toutes nos forces pour nous ! Et alors vous avez commencé chez nous ! A la bonne heure ! Le 21 Janvier, l'anniversaire de la mort d'un Roi a été votre résurrection. Le 21 Janvier '66, vous avez chanté la *Marseillaise* à Paris, avec le peuple de Paris ; vous avez crié à bas la tyrannie sur la tombe de Louis XVI. Bravo ! Ce sont vos arrhes ! D'âmes aussi généreuses que les vôtres, cette insulte au tyran mort n'était qu'une menace au vivant. Elle a été sentie et punie ainsi, et par la prison cette fois ! De mieux en mieux. Ce n'est plus un pensum ! Vous voilà en bonne voie ! La forge fait le fer. Continuez ! Vous êtes trop bons révolutionnaires pour nous trouver cruels. La prison c'est beaucoup, mais ce n'est pas assez… Honneur aux prisonniers ! Qui veut gloire fera plus ! En avant ! Vous avez quitté l'impasse de la sagesse, dit adieu à l'ordre et tourné le dos à la couronne. Vous êtes sortis de l'édifice et vous

êtes en prison Dieu merci ! pour l'amour de a liberté ! Ache-
vez ! Votre génération doit encore son premier sang ! Re-
nouez héroïquement la tradition rompue ! Réprenez soli-
dairement la glorieuse tâche de vos devanciers, la seule politique utile, digne d'eux et de vous, la politique à domicile,
la politique d'union et d'action! L'autre contredit à la fois nature, histoire, France et démocratie, comme nous allons
vous le prouver en quatre points, pas plus. On ne vous prê-
cherait pas tant, si vous n'étiez convertis.

I.

Premièrement, nous disons que votre politique, votre
politique passée n'est pas naturelle. Et nature sait bien ce
qu'elle fait. Elle donne la foi et la force au même âge. Au
quel ? Au vôtre, à la jeunesse. Pourquoi ? Pour agir. Elle
donne au nôtre, à la vieillesse, tout le contraire. Pourquoi ?
Pour conseiller. Chaque chose en son temps et à chacun sa
tâche. Si les docteurs ont vingt ans, à quand les héros ? Si
les jeunes sont sages, les vieux seront-ils fous ? Si Télé-
maque fait la morale, Mentor fera-t-il l'amour ? Si vous mé-
ditez maintenant, agirez-vous plus tard ? attendrez-vous que
la main tremble, que le pied cloche, que l'œil cligne ; que
vous portiez lunettes pour mieux viser l'ennemi ; que vous
n'ayez plus de sang dans les veines pour le verser ? Vous
prenez-vous pour des lords anglais qui promettent à cinquante ans, fleurissent à soixante et fructifient à quatre-
vingts ? Mais, vous le savez, les Anglais sont des originaux.

Tenez, chers Catons, Hoche et Marceau ne se trouvent
pas aux Invalides, ni les chevaux de course à Montfaucon.
En politique, comme en guerre, comme en tout, rien ne se
fait sans foi ni force, c'est-à-dire sans jeunesse. C'est la sai-
son de toute passion et de toute action. Héroïsme et martyre
sont blonds. Achille n'a pas la barbe grise et Nestor a les
cheveux blancs. Point d'exception. Point de Dieu qui
veuille une vieille victime. Figurez-vous Jeanne d'Arc blette
et Judith chauve ! Alexandre et Jésus étaient jeunes tous
deux. Fils d'Ammon et fils de Jéhovah, l'un voulant l'unité
par le sabre et l'autre par le verbe, ils meurent pour leur
idée avant quarante ans. Si Christ avait eu la soixantaine
comme un lord, il aurait peut-être eu un procès en adultère.

avec la femme qu'il a pardonnée ; mais à coup sûr, il ne serait pas mort sur la croix.   Et sans sa croix, que serait son Evangile? Un cours de morale comme un cahier Duruy, et non la Bible. Voulez-vous d'autres preuves ? Elles foisonnent antiques et nouvelles.   Moïse était jeune et libérateur avant d'être législateur ! Luther était jeune quand il réformait l'Europe ;   Colomb jeune, quand il découvrait l'Amérique ; Mirabeau jeune au jeu de paume ; Desmoulins jeune au jardin du Palais-Royal; Barnave jeune sur la route de Verdun; Vergniaud jeune au dernier banquet de la Gironde; Danton jeune au tocsin de la commune. Robespierre, Couthon, St. Just jeunes dans le panier de Thermidor.   Pas un de ces immortels n'a vécu âge d'homme. Pas un n'est tombé mûr. N'ont-ils pas assez vécu ? Quel sage peut espérer de vivre plus que ces fous ? Quiconque meurt pour le droit ne meurt jamais trop-tôt ; il ne meurt pas plus que le droit. Tout sacrifice veut flamme, et vieillesse est cendre. La sagesse est froide, la science faible parce qu'elle est vieille ; la foi vive et forte parce qu'elle est jeune. Galilée vieux et sage trouve le mouvement de la terre et le renie devant l'inquisition. C'est son élève, Vanini, jeune et fou qui meurt pour la vérité.

Qui dit foi, dit plus qu'opinion et conviction, dit sentiment, croyance passionnée et dévouée, vertu de votre âge, confiance et fidélité en même temps, ne doutant de rien, ne redoutant rien, produisant l'espoir et l'effort, résistant à violence, redoublant sur menace, prouvant ainsi la noblesse de l'homme, prouvant que dans la plénitude de son être, il ne relève que de sa conscience et ne reconnaît pas la force mais le droit.

C'est un acte de foi qui soulevait la république française et lançait ses laves de volontaires sur les royaumes du vieux monde. Un acte de foi qui poussait la république anglaise et son flot de puritains vers les déserts du nouveau. Un acte de foi que la croisade de l'occident contre l'orient. Un acte de foi que cette prière des martyrs chrétiens : Frères, priez non pas pour ma vie, mais pour ma mort ! priez pour que le ciel me trouve digne d'être son témoin, pour que je devienne le pain même de Dieu par la dent des bêtes et l'arrêt de l'Empereur."

Mettez le mot Droit à la place de Dieu et votre prière est faite. Il y a encore des Empereurs et des bêtes; il faut encore des martyrs !

Jeunesse et action sont si bien inséparables, c'est

si bien la loi 'de nature, que la langue naïve du Sauvage appelle *guerriers* les jeunes et les vieillards *conseillers.* Cette loi l'avez-vous observée, enfants ? Vous chantez la *Marseillaise* que les poêmes de l'empire ne peuvent pas vous faire oublier. Que dit-elle ? Ses "mâles accens" ne sont-ils pas d'accord avec nos faibles paroles ? Ne parle-t-elle pas comme nous d'héroisme et de jeunesse ; ne parle-t-elle pas d'action ? Voyons! "Nous entrerons dans la carrière, quand nos ainés n'y seront plus..." Eh bien, vos ainés n'y sont plus, et vous n'y êtes pas encore. "Allons enfants de la patrie, votre jour de gloire est arrivé. Vos ainês sont morts ou mourants et la carrière est vide et personne pour reprendre leur drapeau dans leur poussière ; comme si la patrie n'avait plus d'enfants, comme si la liberté n'avait plus de héros, comme si la terre n'en produisait plus de nouveaux, comme si la France n'avait plus un homme et Paris plus un pavé ! Aux armes, citoyens, l'étendart sanglant est levé. sanglant du sang de trois républiques! Qu'attendez vous pour relever l'arme et la vertu de vos frères ? Etes-vous plus jaloux de leur survivre que de partager leur cercueil? N'avez-vous pas le sublime orgueil de les venger ou de les suivre ? Suivez donc leurs traces, suivez leurs exemples. Ils ne fesaient pas de congrès, mais des complots ; pas de journaux, mais des barricades. Ils ne cherchaient pas des vérités nouvelles, ils défendaient les vieilles. Ils n'allaient pas à Liège, ils campaient dans St. Merry ! Aux armes citoyens, formez vos bataillons ! Versez l'impur ! Brisez ces ignobles entraves ! Défendez les droits éternels ! Aux armes contre le despote, ses complices et ses mercenaires ! Combattez sans compter, le nombre est avec vous, le peuple ! La victoire est à vous, l'avenir ! Que l'amour sacré de la patrie anime vos bras vengeurs, et que ses ennemis expirans voient son triomphe et votre gloire !" C'est le dernier couplet !

Alors il sera temps d'être philosophes, internationaux et cosmopolites, de voyager ou de vous reposer, de planer à votre aise dans les sérénités de la science, de chercher de nouvaux problèmes ou de résumer en paix études, épreuves, expériences de votre vie et à votre tout de conseiller vos enfants !

Excusez cette leçon de *Marseillaise!* mais l'hymne justifie notre lettre et condamne votre politique irrévocablement.

Toute infraction porte sa peine ; et quelle est la vraie peine de votre sagesse anticipée? La durée de l'Empire. Votre

inaction l'assure. Depuis quinze ans, tout va en sens inverse de l'ordinaire dans notre pays. Depuis quinze ans pas une tentative sérieuse contre le pouvoir. Est-ce naturel? Pas un effort individuel ou collectif contre le pire des gouvernements. Une ou deux bonnes intentions comme celle de *l'Hippodrôme*, pour prouver que la France vit encore malgré ces quinze années de traitement. C'est tout. Mais l'exception confirme la règle. Ailleurs, un négrier a l'audace de tuer Lincoln; un cosaque de tirer le Czar. Rien en France, moins qu'en Russie. Des balles pour les libérateurs, des rimes contre les tyrans. On n'a pas tué Lincoln avec des rimes. Honnête Lincoln que n'a-t-il asservi les blancs? Non, depuis quinze ans rien de révolutionnaire, rien de français, ni émeute ni attentat, si ce n'est par l'étranger. Est-ce naturel? Nous l'avons échappée belle, nous, libérateurs de l'Italie, nous avons failli pour la peine, être délivrés par des Italiens. Nous qui avons affranchi Amérique, Grèce, Belgique etc. nous en sommes venus à attendre des autres notre affranchissement. Nous, Français, le seul peuple qui ait eu l'honneur de se révolter pour les autres, nous, qui avons fait de l'insurrection pour la Pologne et l'Italie, nous n'en pouvons plus faire pour nous-mêmes. Après des révolutions de luxe, le nécessaire nous manque. A pères prodigues fils avares. C'est le monde renversé. Nous comptons sur la bombe étrangère. Alors, il n'y a plus qu'à faire une légère variante à la *Marseillaise:*
"Allons enfans de *l'Italie...*"

C'est monstrueux! Voilà, chers docteurs, ce que c'est que d'être sages à vingt ans!

II.

Secondement, disons-nous, cette politique est anti-historique, comme anti-naturelle. En effet, prenez toute l'histoire de France et trouvez-nous quinze années de suite sans un seul mouvement contre le pouvoir, quel qu'il soit. Quinze années forment, vous le savez, le cycle fatal de nos gouvernements. C'est leur maximum de vitalité. Eh bien! le deuxième empire les a maintenant bien sonnés et comptés, accomplis et révolus. Il a déjà passé l'âge du premier; il atteint celui des Bourbons. Il a donc fait son temps grande-

ment et au delà et sans le moindre conteste, et par consé-
quant sans le moindre symptôme qui présage et produise
logiquement sa fin, du moins par la révolution. Nous sommes
encore en plein déluge comme au lendemain de Décembre,
et pas apparence d'arc-en-ciel ! Le coup d'état est en per-
manence, bien plus, il est ascendant et recrudescent ! Qui peut
le nier en face des sénatus-consultes additionnels, des suppres-
sions de journaux, etc. Chacun est donc à l'état de légitime
défense, a droit et devoir de repousser la force par la force, selon
son courage, ses moyens et l'occasion ; et nul n'ose jusqu'à présent. Règle générale, un pouvoir ne tombe que si
on le pousse, et il faut pousser fort et ferme, et sans cesse
et longtemps. Autrement, pas de raison pour sa chûte. Ceux
qui disent que les révolutions se font toutes seules n'en ont
jamais fait et n'en feront jamais. La science politique est
comme les autres, expérimentale, basée sur l'observation
des faits. Or, tous les faits du passé prouvent qu'en France
comme ailleurs, la révolution n'est jamais un effet sans
cause, une oeuvre du hazard, un accident, un phénomène
isolé, éclatant un matin dans l'air, sans précédents qui l'an-
noncent et l'amènent graduellement. Non, point de fruits
sans arbre, point de foudre sans nuages, point de Messie
sans Baptistes ! N'en déplaise à l'hétérogènie, il n'y a point
de génération spontanée en fait de révolution, *Ex nihilo ni-
hil. Omne vivens ex ovo.* Et troisième axiôme du même
jargon : *Natura non facit saltum !* Pardon de tout ce latin !
il est du quartier. Pour parler français, on est toujours l'enfant de quelqu'un, dit Bridoison. Une révolution n'est qu'une
somme d'insurrections. Rien ne vient de rien, ni d'un coup,
ni sans peine, rien de bien s'entend, surtout le premier
bien, la liberté. Depuis longtemps Manne et Loi ne tombent
plus du ciel. Moïse est mort comme son Dieu. Aide-toi
le ciel t'aidera ! Nous n'en finirions pas avec tous les pro-
verbes prouvant cette vérité fondamentale : point d'effet sans
cause. Demandez à l'ouvrier de la glèbe, si le germe ne pre-
cède pas la tige et la tige l'épi. Demandez-lui ce qu'il a
fallu de travail, de temps, de sueur, de pluie et de soleil pour
produire l'épi. Demandez à l'ouvrier du fer, ce qu'il a fallu
de force, de feu, d'eau et d'air pour façonner l'arme, l'arme
humaine qui a tué le cannibalisme, le soc sacré qui a fait le
sillon de l'épi. Demandez maintenant à l'ouvrier du droit,
si la liberté est une plante moins chère que le blé et d'une
façon plus aisée que le fer ; si le pain de l'âme coûte moins

que celui du corps ; s'il ne faut pas le gagner, le manger aussi celui-là à la sueur de son front et au sang de son coeur ; s'il ne faut pas aussi à ce noble grain, temps et peine pour le cultiver et le récolter ; s'il ne faut pas pour son engrais l'homme tout entier, tête et coeur, les plus hautes vertus comme des plus saintes passions, les rayons du génie pour le mûrir et pour l'arroser le sang du martyre !

On a dit, et le mot a fait fortune comme un voleur, que la révolution de Février avait été une surprise. Erreur, pas plus cette révolution-là que les autres. Une révolution peut être inattendue, imprévue quant à l'heure ; mais en fait, elle n'est, répétons-le, qu'une masse d'insurrections composées, qui en sont les racines, et dont elle est la dernière puissance. C'est ce que nous pourrions appeler, si nous étions aussi savants que vous, la loi de progression, absolue comme la loi de jeunesse précitée. Quantité précède qualité qui n'est que quantité concentrée. En vertu même du principe d'unité, la loi des lois, voyez ! que de prophètes avant Mahomet ! que d'Homérides avant Homère ! que de singes avant l'homme ! que de villages avant Paris, que de provinces avant la France ! Que d'essais, que d'efforts pour accomplir la grande révolution française ; quel long et pénible enfantement, quel travail incessant, infini, Jacquerie, ligue et fronde ; et pour nous en tenir seulement aux deux petites, aux nôtres, quelle lutte, quelle suite, quelle union et quelle action ! Que de chûtes d'Antée ! Que de combats et de revers avant les deux victoires de Juillet et Février !

Rappelons-nous les, moins pour les admirer que pour les imiter. Récapitulons, si nous pouvons, ces générations de lutteurs, la généalogie révolutionnaire du siècle. Il y aura sans doute confusion, omission, ni volontaire ni méritée ; nous voudrions signaler tous les services, tant la cause a besoin de serviteurs ; mais notre mémoire n'est plus fraiche et le nombre est grand ; vous pourrez donc rectifier la légende dans Vaulabelle et Louis Blanc. Nous verrons toujours suffisamment une série continue, une lignée successive et progressive de dévoumts féconds, héréditaires, s'engendrant les uns les autres : *Abraham genait Isaac,* jusqu'à l'avènement du verbe, c'est-à-dire du droit.

En 1815, Paris commence, le peuple de Paris, toujours ! C'est la source ! Trois ouvriers, Carbonneau, Plaignier et Tolleron conspirent les premiers contre la royauté des Bourbons, et meurent en criant Vive la République !

En 1816, l'étudiant suit. Un avocat de Grenoble, Didier et ses jeunes amis conspirent de même; et quinze têtes, effroyable holocauste, tombent au même cri.

En 1820, un ouvrier les venge. Louvel force le bon Dieu à refaire un miracle et meurt au même cri.

En 1821, bourgeoisie, étudiants, ouvriers, tous ensemble, le docteur Caffe et ses amis Saugé, Fradin, Grandménil et autres conspirent à Angers et les deux premiers meurent au même cri.

En 1822, c'est le tour de l'armée, du peuple de l'armée, d'abord. Les quatre Sergents de la Rochelle signent de leur sang leur pacte avec ouvriers et bourgeois et meurent au même cri.

Mêmes années, les chefs suivent. La conspiration monte en grade : il y a celle des lieutenans de Lyon et de Marseille ; puis celle des colonels Carou, Rémond, du général Bertno. Même mort et même cri.

Enfin, les officiels, les députés s'en mêlent. Tandis que Manuel donne congé aux Bourbons, Lafayette conspire à Béfort avec les eléments ci-dessus, tous réunis : soldats, bourgeois, ouvriers, étudians, étudians en tête comme de juste, *Charbonniers, Chevaliers de la liberté, Amis de la presse*, etc. ; les jeunes Trélat, Joubert, Bazard, Buchez, *Rey*. Il y a des noms qui portent bonheur. Poursuivons ?

En 1827, la garde nationale, les électeurs en 1828, les élus en 1829, la chambre entière. Le tyran va devenir victime à son tour. L'initiative de Carbonneau le cambreur a fini par atteindre la sphère des pouvoirs, la couche supérieure, la législature, la représentation nationale. Par l'effet ordinaire et fatal de la mathématique révolutionnaire, par une sorte de progression géométrique et de cubation forcée, cette trinité d'ouvriers rebelles, ces trois hommes du peuple de Paris, multipliés par quinze ans, font 221 Deputés. L'exception devient la règle. Cette minorité infime devient majorité absolue, cette révolte révolution, le galetas une chambre qui vote et un peuple qui exécute la déchéance des Bourbons. En 1830, le peuple en masse achève ce que trois hommes du peuple ont commencé.

Donc, une douzaine d'insurrections au moins, plus de cent têtes coupées ou fusillées aux quatre coins de la France, une trainée de sang de Strasbourg à Saumur, et de Grenoble à Béfort, jusqu' à des paysans et des femmes immolés à Melun, à Poitiers, à Montargis et à Alençon ; ajoutez des siècles de prison et de bagne, quelque million d'amendes pour procès de presse faits aux plus grands comme aux plus petits, à Béranger et Courier, comme à Magalon et Fontan ; une chasse à mort contre les sociétés sécrètes. Et mettez que les plus actifs, les plus remuans en conséquence les plus frappés, que les agens et par conséquent les victimes de ce mouvement sont les étudians ; qu' ils sont toujours et partout où il y a feu ou fumée, à Paris, en province, jusqu à la Bidassoa, avec toutes les sortes de conspirateurs, blouse ou frac, général ou sergent, cambreur ou marquis, concevant, pratiquant, guidant les jeunes, poussant les vieux, allumant, soufflant, chauffant toute occasion, les convois comme les banquets, enterrant les nobles aux cris de vive la Charte comme Pance, buvant à la République au nez de la royauté comme Gambon, combattant et tombant enfin comme Lallemant sur les marches du Palais-Bourbon. De là suivrez le ruisseau de sang jusqu' aux Tuileries, où les étudians Otto et Badiel tombent les derniers sous les balles suisses dans la grande mare de 1830. Et puis, additionez toutes ces défaites, tous ces supplices, tous ces vaincus, tous ces martyrs des quinze ans, et vous avez une victoire ! Total : Révolution de Juillet!

La Révolution de Février même produit ! Même somme d'efforts individuels et collectifs contre la branche cadette et par les mêmes facteurs, ouvriers, étudians, bourgeois, armée, chambre et peuple. — Même règle ! Faut-il aussi faire le compte de ce règne plus récent que l'autre ? Ce ne sera pas difficile. Ce ne fut à vrai dire qu' une longue conspiration. Sociétés des *Amis du Peuple*, des *Droits de l'homme*, des *Montagnards*, des *Familles*, des *Saisons*, insurrections de tous les mois, attentats de tous les jours et de toutes les armes, depuis le pistolet d'Alibaud jusqu' à la machine Fieschi ! Pauvre coq un saint à côté de l'aigle ! Et il ne pouvait pas mettre le bec à l'air sans être le point de mire de tout ce qu' il y avait de poudre dans le parti républicain. La poudre, la régie n'en tient plus à notre usage ! Le parti où est-il ? qu' en avez-vous fait ? Il a du moins perdu en énergie ce qu' il a gagné en étendue. Mais vous êtes trop modestes pour dire qu' il ait gagné. Comptez ! Dès 1830, complots des ouvriers et des étudians, complot des artilleurs en '31, et ça ne s'arrête plus. Les deux chefs Bastide et Thomas engendrent aussitôt Kersausie et Raspail en '32, qui engendrent à leur tour Cavaignac et Guinard en '34, Lagrange et Baune en '35, Barbès et Blanqui en '39, vrais dioscures, sorte de jumeaux du droit, se remplaçant, se perpétuant ainsi les uns les autres, jusqu' à ce que le mouvement monte encore une fois à la classe officielle, pour redescendre au peuple avec la république de '48.   Ajoutez en effet, comme plus haut, à l'action de la rue, celle de la tribune et des vrais tribuns De Ladre, Pagès et Ledru ; celle de la presse, de Carrel taillant sa plume avec son épée, de Rode defendant sa feuille le revolver au poing, de Lamennais consacrant de sa gloire la prison, comme plus tard la fosse commune de ses restes; ajoutez *National* et *Tribune, Réforme* et *Réformateur, Journal du Peuple* et *Caricature*, tombant et faisant fascine dans les fossés du Château ; entassez sur ces illustres tous les sans-nom, les parias de l'histoire comme de la societé, les habitués de tous sacrifices, qui n'ont d'autre paie que celle de la conscience, proscrits, prisonniers, blessés et morts de cette guerre de 18 ans ! Total : Révolution de Février !

Ainsi donc, les deux petites comme la grande, les deux filles comme la mère, nos deux révolutions n'ont été que des *additions*, des coupes remplies goutte à goutte, des mesures comblées grain à grain, torrents formés de ruisseaux, avalanches faites de flocons plus légers que l'air séparément, mais en masse plus lourds que trônes et plus forts que rois.

Ainsi Louis-Philippe et Charles X, comme leur prédécesseur Louis XVI, ne sont tombés qu' à force d' être poussés.   Voilà notre preuve positive que votre politique spéculative et pélerine est anti-historique et anti-révolutionnaire. Voici maintenant notre preuve négative pour terminer ce deuxième point.

Un seul pouvoir de notre temps et de notre pays, un seul pouvoir en France n'a été assaili, sa vie durant, qu' une seule fois et par un seul homme, l'intrépide Malet, par un seul fait, individuel, exceptionnel et prisonnier, bref, sans ramification dans le peuple. Comment ce pouvoir a-t-il fini ? Comment est-il tombé ? Comme les autres ? Par le peuple ? par une révolution ? Non ! pour le malheur et la honte de la France, pour la peine et non, hélas ! pour la leçon du peuple, le premier empire a fini par l'invasion. Le total cette fois n'a pas été révolution, mais restauration. Le peuple ne s'en est pas délivré ; il en a été opéré L'empire a fini par l'étranger deux fois vainqueur de la France, deux fois maître de Paris, nous fesant deux fois loi et roi. Ni Février ni Juillet, mais Leipsick et Waterloo.

Si donc les faits prouvent que les gouvernemens tombent comme on les pousse ; que révolution vient d'insurrection et restauration de soumission—ceci est très grave, à cette heure, prenez y garde ! car que conclure de votre politique soumise jusqu' à présent ? Quelle induction à tirer du passé pour l'avenir ? C'est évidemment, qu' à moins d'être sage comme vous, ce qu' il n'est pas, le second empire n'ayant pas même eu de Malet tombera encore moins que le premier par une révolution. Mêmes causes, mêmes effets ! et si le collectif n'est que la somme de l'individuel, si le couteau de Louvel prédit les piques de Juillet, si le pistolet d'Alibaud prédit les fusils de Février, que prédit la bombe d'Orsini ? Au second empire un second Waterloo ! Ah ! pour être délivrés encore une fois par l'étranger, plutôt un autre Orsini qu' un autre Blücher ! Après la perte de la liberté, celle de l'indépendance. C'ect encore une loi ! Nous y allons, et à vous la responsibilité ! prenez y bien garde ! A vous dont l'inaction aura fait encore à cet empire un règne sans trouble, et à la France une solidarité de chûte avec lui.

Avant que la parole soit au canon, Anvers à la France et Montmartre aux Anglais, écoutez-nous bien là-dessus. Ce n'est pas une vaine digression aujourd'hui ! L'empire *c'est la paix*. Et sous cette paix de l'empire, nous n'avons eu que la guerre, guerre de Crimée, d'Italie, de Chine, de Syrie, du Mexique; nous aurons celle de France... L'empire qui est né et ne vit que de la guerre à la condition d' en mourir, l'empire doit à tout prix nous distraire de la liberté par *la gloire*, nous restituer le Rhin qu'il nous a fait perdre et que la liberté seule peut nous rendre. Pour atteindre son but, il fait aujourd'hui *la paix* d'Allemagne. Chacun sait qu'il a voulu la guerre. Il a écrit au Duc d'Augustenbourg que son Altesse avait le droit d'augmenter la confédération d'un état de plus, le Holstein. Puis il a écrit que le Roi de Prusse avait besoin de simplifier la confédération de plusieurs états de moins, Holstein et autres. Grâce à cette logique impartiale et à cette neutralité contradictoire, l'Allemagne se bat; son sang coulé à refaire un autre Rhin. Les rois boivent, le choléra trinque et ces peates soûles nous appellent les rouges ! Second service. Les diplomates travaillent ; les renards changent la nappe des tigres. Car cette paix d'entremets n'en peut rassasier aucun, ni Guillaume qui veut toute l'Allemagne, ni Victor qui veut Rome, ni surtout l'auteur de la paix et de la guerre qui veut le Rhin. Les coquins se trompent parfois, parce qu'ils ne comptent jamais sur l'honneur des autres. L'empire a été joué par le peuple allemand, comme il l'avait été dejà par le peuple italien. En fesant disputer le Holstein par la Prusse et l'Autriche, il croyait épuiser les deux larrons et survenir comme troisième ... arbître ! Il croyait donner tout au plus à la Prusse le Holstein pour le Rhin, comme il avait crune donner au Piémont que la Lombardie pour la Savoic. Mais une fois levée, l'Allemagne a voulu aussi être une nation comme l'avait voulu l'Italie, avec cette différence que du côté de l'Allemagne, l'empire n'a pas même une Savoie pour compensation. Le traité de Biaritz a moins réussi même que celui de Plombières. L'eau de Vichy n'est pas meilleure. L'empire est bas, et 1815 aggravé. Quoiqu'en disent nos libéraux sans logique, l'Allemagne et l'Italie ont bien fait. Qu'unité ne soit pas liberté, c'est toujours moins de princes, en attendant pas de princes ! Il n'y a pas deux droits. Si l'unité est bonne pour la France, elle est bonne pour les autres ! Si la France a eu raison de sortir du féodal et du fédéral, elle ne peut y retenir personne ; et c'est sans doute par ce bon sentiment d'égalité et de justice que Jupiter s'est fait Maître Jacques, que le dictateur de l'Europe s'est fait entremetteur, que le conquérant s'est fait pacificateur et qu'après le soufflet mexicain sur la joue gauche, il tend chrétiennement la joue droite au soufflet prussien ! Même prestige dans les deux mondes ! On commence à parler d'un *comte* pour remplacer le *parvenu* et l'envoyer finir *sa vie de César* dans son bien de Longwood. En résumé, le second empire a comblé l'habileté par l'humanité, style Baroche. Que voulez-vous ? Son tonnerre n'a pas d'aiguille ! Ainsi le second empire a dejà abaissé la France au dessous du niveau où l'a laissée le premier. Comment la laissera-t-il à son tour ? Il est arrivé à la mettre malgré lui entre deux grandes unités qui lui barrent désormais l'occident et l'orient. C'est donc la guerre, tôt ou tard, quand Vulcain aura reparé les foudres. Il faut rétablir l'équilibre. Mais les guerres d'Allemagne sont longues et amênent coalition. La première a duré quelque trente ans, puis a recommencé et fini par le Waterloo de Louis XIV. La seconde en a duré sept et a fini par le Leipsick de Louis XV. La troisième en a duré vingt et a fini par le Rosbach et le Malplaquet de Napoléon. Il est vrai que celui-là n'avait pas pris Pékin. Courrons-nous la chance de vaincre avec un plus grand capitaine, le général *Culasse*? Un peuple qui se fait restaurer trois fois en cinquante ans est bien malade. Et dire qu'une goutte de sang bien tirée... O misère de la servitude! Pendant que la grande esclave regarde à Sarrebrouck, l'Angleterre, un tiers de la France mais libre, relie par son câble un monde à l'autre! C'est de ce côté là qu'il faudrait être jaloux et vouloir l'équilibre; c'est une compensation de progrès qu'il nous faut; c'est une rectification de droits qui importe; c'est une extension de liberté qui nous manque! La liberté c'est la grandeur! c'est la puissance! Sans liberté, nous n'aurons pas même la Sarre et nous risquons la Loire. La liberté voilà notre frontière naturelle! notre première conquête! Et puisqu'elle nous manque, prenons là! Contre les coups d'état, il n'y a que les coups d'audace. Il n'y a qu'un moyen de sauver la France, c'est de tuer l'empire. Il baisse, poussons le, il tombera par nous ou nous tomberons avec lui, pour notre troisième et dernière leçon. Il serait immoral qu'il mourût sur le trône, désastreux qu'il mourût dans l'ile. Il est juste, urgent, nécessaire pour l'expiation de ses crimes comme pour le salut de la France, qu'il meure comme les Bourbons, sur la place de la révolution.

III.

Transition toute simple pour notre troisième point que votre politique est anti-française; qu'elle n'est pas plus de votre pays que de votre âge; qu'elle est anti-nationale comme anti-historique et anti-naturelle; qu'elle est exotique, hors de lieu comme de temps, constitutionelle et non révolutionnaire, anglaise et non française, et qu'elle s'appelle Cobden et non Barbès.

Chaque pays chaque mode. Un procédé n'est bon qu'à son heure et place. Le vin dans un verre, la bière dans un pot; les révolutions à la France, les réformes à l'Angleterre. On fait ce qu'on peut. Tout le monde ne peut pas être anglais. Rien de meilleur que le m... anglais, en Angleterre! La nature même agit des deux façons, pacifique dans Lyell, révolutionnaire dans Cuvier. Si nous avions la permission de la réforme, nous ne prendrions pas celle de la révolution. Nous suivons de force un chemin tout autre, mais en définitive pour le même but. Prenons par exemple les deux hommes qui représentent le mieux par leur différence d'action la différence de leurs pays, deux contemporains, l'un né en 1809, l'autre en 1804, Armand Barbès et Richard Cobden. L'un l'Anglais, homme fait, il s'agit de science et de chiffre, un beau jour de 1835, à Manchester, assis dans son comptoir, devant son Grand-Livre, et balançant ses profits et pertes, a l'idée que le libre-échange peut augmenter les uns et diminuer les autres, que la liberté de commerce est bonne comme toute autre liberté. Il était commerçant, commerçant et Anglais. En cette double qualité, il allait du simple au composé, de l'intérêt privé à l'intérêt public. L'Anglais ne va jamais autrement. Il dit : Dieu et mon droit ! Le droit ne vient qu'après. s'il peut. C'était, au fond la lutte de Manchester contre Westminster, des lords du coton contre les lords de la terre, de la manufacture contre l'agriculture, de Mercure contre Cerès. Cobden pensa que si le pain était à bas prix, le salaire qui suit le prix du pain baisserait d'autant, et que l'ouvrier travaillant à meilleur compte pour le marchand, le calicot anglais battrait tous les calicots du monde sur le marché. Le tout comme vous voyez, dans l'intérêt de M. Cobden d'abord et de l'Angleterre ensuite. Mais comment diminuer le pain, l'huile de la machine — en anglais l'ouvrier s'appelle *mecanic* — comment abaisser le prix de blé ? Rien de plus simple. En fesant entrer le blé étranger concurremment avec le blé indigène, en *rappelant* les lois de douane sur les céréales. Voilà l'oeuf ! l'idée pure et simple, sortie d'un esprit positif et pratique, une idée de Josse tout bonnement, qui va tout doucettement crever sa coque égoïste, grandir, grossir, s'élargir en intérêt commun, s'élever à la hauteur d'un principe, atteindre progressivement et tranquillement les proportions d'une révolution, d'une révolution anglaise bien entendu, c'est-à-dire d'une réforme, devenir le *free trade* enfin ; et comment ? C'est la question ; vous allez voir, par un procédé impossible en France , le procédé anglais.

Le révolutionnaire, pardon ! le réformateur réunit donc chez lui ses complices, non, ses confrères. Il en peut réunir plus de vingt sans risque de procès. Il en a le droit. Dans ce pays dit insociable, l'animal sociable jouit du plein droit de sa nature. L'homme a la liberté de se réunir à ses semblables, sans prévention ni répression, quelsque soient le but, le nombre et le lieu, même dans les jardins de la Reine. C'est décidément un peuple original. Ce n'est pas comme en France, le pays sociable par excellence, où toute réunion même de treize est illicite; où le Christ n'eut pu communier avec ses douze apôtres sans passer par la correctionnelle, comme un député de Paris. Libre et calme dans son salon, le tribun de la navette propose donc son idée anti-seigneuriale à ses amis tous du coton, comme lui. (Applaudissements.) Ils battent le fer tout chaud; ils souscrivent une première somme pour pousser l'idée, c'est-à-dire pour louer une salle et tenir séance publique. Ce ne sera plus une confidence, mais une exposition. Ce ne seront plus des confrères, mais des concitoyens. L'idée montera des producteurs aux consommateurs. Dèslors le particulier se généralise, l'intérêt devient patriotisme, science et droit. Et par une progression parallèle, la souscription devient budget. On vote un impôt véritable, tout un gouvernement, assemblées, journaux, brochures, ce qu'on appelle une *Ligue*, tout ce qu'il faut enfin pour traiter de puissance à puissance avec l'autorité, pour lui disputer l'esprit public et changer l'idée en loi. Et tout cela ouvertement et contrairement au gouvernement officiel, au su et vu du parlement réel, dont les lords de la terre sont les colonnes et les couronnes (*coronets*), tout cela paisiblement et patiemment, durant des années entières, sans autre combat que la parole et sans autre arme que l'argent. A la longue, l'idée devient l'opinion, elle monte de plus en plus et gagne enfin le monde officiel; vous voyez qu'au fond, c'est comme en France; et quand elle est assez forte, elle envoie aux Communes le Gracque des bobines faire de l'opposition à Sa Majesté. Voilà donc l'apôtre du calicot, élu membre du Parlement même, du parlement anglais en 41; voilà le St. Paul de Manchester prêchant l'Evangile du *free trade* aux baronnets de l'Aréopage! Raca au Dieu inconnu! huées et rires, tout le martyre du ridicule, le seul possible dans ce pays de liberté. Les motions du libre-échange sont tuées les unes sur les autres comme les combattants de la rue Transnonain. Mais n'importe! la lumière qu'on peut tenir sur le boisseau finit toujours par éclairer. La minorité peu à peu se fait majorité, le poids de la masse emporte jusqu'aux lords; et enfin le proconsul lui-même,

le ministre de la Reine, Sir Robert Peel se convertit. L'idée
est loi de l'état. La liberté commerciale couronne l'édifice
anglais logiquement, solidement, venant après la liberté
politique, comme la liberté politique est venue après la liberté réligieuse. C'est normal. Ainsi que le prêtre a
cédé au noble, le noble cède au bourgeois qui cédera tôt
ou tard au peuple en ligue aujourd'hui pour le suffrage !
Malheureux peuple qui n'a pas de César ! Toute une
révolution s'est accomplie sans coup férir, sans une goutte
de sang, un 93 sec, et par un vote... La salive des docteurs
vaut le sang des martyrs ! Rappel de la loi des Céréales
en '46.

Voilà l'Angleterre son mode et son homme ! Passons
à la France. Vers ce temps-là, à Paris, dans une mansarde
du quartier latin, le vôtre, un étudiant comme vous, un
étudiant en droit, assis devant une petite table, éclairée
d'une lampe studieuse, lisait son Grand-Livre à lui, *l'Histoire de la révolution.* Il tenait le livre ouvert au chapître
de la conspiration de Baboeuf, s'il vous plait. Il méditat lui
aussi sur des profits et pertes du peuple. Alors il eut aussi
son idée, ce jeune réformateur, une idée française celle-là,
tout naturellement, ni personelle ni égoiste, ni pacifique ni
pratique, une idée de jeunesse et de folie, venant du coeur
plus que de la tête, au bénéfice non de l'auteur ou de sa
classe, mais au bénéfice de tous, une idée *à priori*, généreuse
et générale. ni terre ni coton, ni monopole ni privilège,
une idée de droit, un principe, en un mot l'égalité du vote,
le vote universel. Il était électeur... Et il pensa pourtant
que l'ouvrier avait le droit de voter comme lui bourgeois,
Mais, comment réaliser cette grande idée sous le régime du
cens et de la censure ? Nous sommes bien dans la question.
Notre démagogue ne peut rien dire par la presse sans être
saisi au premier mot, ni dans la moindre réunion sans être
arrêté avant de parler. Que lui reste-t-il donc pour obéir
à sa foi, à sa conscience, au devoir que lui impose l'amour
du droit ? Le procédé français, Le quel? Le plus saint
des devoirs, A qui la faute ? On ne conspire pas pour son
plaisir et pour l'amour de l'art. Voilà donc bongré, malgré,
notre réformateur, non plus en réunion publique, mais en
société secrète, non plus en assemblée mais en concilia-
bule, non plus en séances de jour, mais la nuit, furtivement,
avec deux complices, c'est un complot. Bien ! Les trois
camarades de complot et de cachot sont à l'œuvre,

Barbès, Blanqui et Bernard, ce que nous appellons la conspiration des trois B. Mais un quatrième et tout autre *Brave* n'a-t-il pas conspiré comme eux à Strasbourg ? En France, tant que le code fermera toute soupape à l'idée, l'idée conspirera. Le procédé anglais est certainement le meilleur, puisqu'il n'admet ni victime ni réaction ; puisqu'il opère par consentement et gradation ; malheureusement, il n'est possible qu'en Angleterre quant à présent. L'Anglais lui-même dont le caractère est en général plus paisible que le nôtre, par des causes qui ne sont pas de notre sujet, n'a pas toujours opéré de la même façon. Il a passé par les mêmes phases que nous, il a pratiqué aussi le plus saint des devoirs. Il a conspiré, comploté, insurrectionné et révolutionné comme un autre, quand il n'a pu faire autrement. Le poignard de Fenton et la hache de Cromwell, les conjurations de Sidney et de Russell, l'exécution et l'expulsion des Stuarts ont precêdé l'agitation pacifique, l'union légale et l'action constitutionnelle des O'Connel, des Cobden et des Bright. Continuons ! Nos trois amis, gens à recommencer, puisqu'il n'y a plus de jeunes que les vieux, mettent en commun leur activité, leurs ressources, leur connaissance des hommes et des choses, tout leur savoir-faire de révolutionnaires, mènent leur idée par ses voies souterraines, affilient et organisent, recrutent et disciplinent une armée d'ouvriers et d'étudians, font de l'union secrète et de l'action militante contre le pouvoir, l'aveugle pouvoir qui n'y voit goutte lui-même à force d'éteindre la lumière. Au lieu de la ligue Cobden, c'est donc le complot Barbès   Bon Philippe ! Il refusait aux capacités le vote qui depuis a été donné aux capacités et même aux incapacités, et sans trop de dommage pour la monarchie, hélas ! Quand le fruit fut mûr, car il faut du temps pour l'œuvre de guerre comme pour celle de paix, quand l'heure fut venue de passer de la nuit au jour, alors par un beau matin d'une belle journée de printemps, le 31 Mai '39, le dimanche, au grand soleil, en plein midi, à la face du ciel, entre messe et vêpres, au chant de la *Marseillaise*, Barbès descendit dans la rue à la tête de ses lions républicains contre les soldats du Roi, et tomba le premier, frappé d'une balle au front. On l'a surnommé le Bayard de la démocratie. Cela ne peut qu'honorer Bayard ; car le chevalier sans peur et sans reproche fut blessé dans une retraite, et le citoyen fut blessé au front.

Blessé presque mortellement, ce n'est pas assez, il est condamné à mort avec ses deux amis, puis commué à vie et emprisonné dix ans! Mais pendant ce temps là, l'idée est saine et sauve! mais elle est libre! Elle n'a subi ni balle ni geôle; elle entre dans toutes les têtes et court dans tous les coeurs, contumace de la cour des Pairs, évadée du Mont St. Michel, réfugiée de la rue à la chambre, passant des conspirateurs aux représentants, de plus en plus grande et forte, et après la phase ordinaire d'intermittence ou plutôt d'inoculation, descendant victorieuse avec la garde nationale et le peuple sur le même pavé que Barbès, au cri de la réforme et proclamant le vote universel, la loi, la république de Février!

Voilà la France!

En fin de compte, le procédé français, le procédé Barbès, nous l'appelons de son nom puisque Barbès l'a baptisé de son sang, a donc aussi bien réussi en France que le procédé Cobden en Angleterre. L'idée est devenue loi là aussi. Chacun de ces deux hommes par une voie différente, par la paix ou par la guerre, selon le possible, a de même atteint son but, réalisé le principe de son pays, l'un l'Anglais la liberté, l'autre le Français l'égalité!

Le vote universel est acquis chez nous tout aussi bien que le libre-échange chez eux. Mais si le résultat est le même, le prix est aussi différent que les moyens. Quoi qu'à cette heure, Cobden soit mort à la peine et Barbès mourant, il n'y a que cela de pareil dans leurs lots aussi tranchés que leurs pays. L'Anglais sortant du Palais de Buckingham avec des lettres de créance comme ambassadeur d'une Reine auprès d'un Empereur, le Français sortant du fort de Belle-isle pour expier ses lettres de grâce par un exil volontaire. L'un honoré, enrichi, decoré, l'autre honni, ruiné, condamné; l'un un homme d'État, l'autre un repris de justice; l'un ayant fait quinze ans de Parlement, l'autre quinze ans de prison; l'un représentant son pays trois sessions, l'autre trois jours; l'un payé d'une souscription nationale, l'autre d'amendes royales; l'un en marbre dans les palais, l'autre en image dans les greniers; l'un mort dans sa patrie et sa famille, et l'autre mourant à l'étranger! *Ecce homo* Anglicus! *Ecce homo* Gallicus! Couronne d'olivier et couronne d'épines! Qui vaut le mieux? Quelle vie est la plus pleine, la plus morale, la plus populaire, la plus légendaire? Qui mérite le plus du talent ou de la vertu, du sang ou de la salive ? Comparaison est odieuse. En Angleterre Barbès eut pu faire comme Cobden; mais en France Cobden eut-il fait comme Barbès ? *Anglus, Angelus !* Quoi qu' il en soit, vous n'avez pas le choix, vous êtes Français, vous ne pouvez pas être Cobden, soyez Barbès ! "Dieu mes enfans vous donne un beau trépas !"

C'était l'âge héroïque de la démocratie ! Le vôtre en est trop près pour être son déclin.

Donc, après vous avoir convaincus, nous voulons vous séduire. L'ennemi est plus fort, l'opinion plus faible, la presse plus muette, la prison plus sourde; quoi encore ? l'armée plus grosse, la police plus corse, Paris plus camp. Tous les risques sont pour vous ! Jusqu'ici, nous n'avons pas connu de tyran. Lallemant et Barbès n'ont bravé que le plomb des Bourbons. Qu'est-ce que cela ? A vous la gloire d'affronter le fort, de vaincre le vainqueur de Rome et du Mexique, de Paris et du Rhin. Le danger est l'éperon du devoir. L'honneur se pèse au poids du risque et de la cause. Vous avez à faire plus et même mieux que les autres, à faire la troisième république et à la garder, la troisième et dernière. Amis ! quelle gloire ! Mais par ce que vous avez plus à faire, ferez-vous moins ? Ferez-vous moins que vos pères ? Laisserez-vous tout à faire à vos fils ? Révolutionnaires, faites la révolution ! Républicains, la liberté ou la mort ! Vouloir c'est pouvoir ! Sûrs par l'exemple que vous donnerez, infailliblement sûrs que vous serez suivis dans la carrière, que vos cadets releveront votre cause, que le peuple est votre second et le temps votre vengeur. Étudians de l'empire, à votre tour ! Quinze fois nos deux anniversaires de liberté ont éclairé votre servitude. Février est passé, Juillet se passe ! A '89, vos ainés ont ajouté 1830 et 1848. La France vous attend pour clore le calendrier. Votre millésime est en blanc !

IV.

Quatrièmement enfin, nous disons votre politique anti-démocratique. Car elle tend, ni plus ni moins, à refaire ce que la révolution a défait avec tant de peine, les castes, deux peuples en France. les enfants du cerveau et ceux du talon, les Brahmes et les brutes, ceux qui ne croi-

ent qu'à ce qu' ils mangent, et ceux qui ne croient qu' à
ce qu' ils rêvent, manants à l'aile et seigneurs à l'ambre, en
un mot, l'ordre paien, l'ordre du monde inférieur, l'inégalité.
Elle tend à rompre ce dogme sacré de l'unité humaine, cette
foi égalitaire pour la quelle le premier sans-culotte a donné
sa vie, pour la quelle les derniers ont dû donner vie
et mémoire, et que la France représente seule contre l'aris-
tocratie de l'Europe. Même en France quelle différence
n'y a-t-il pas entre un paysan et vous ? Et quelle différence
y a-t-il entre un paysan français et un paysan gaulois ? Au
dix-neuvième siécle, le paysan, l'ouvrier, toute la *vile mul-
titude* vit encore comme dans une autre planète. Le Romain
fuit le barbare, comme si le barbare n'avait pas renouvelé
le monde. L'âme fuit le corps, comme si le corps pourait
vivre sans âme. Mais en laissant Calibau à lui-même, Ariel
laisse le monstre à un maître, au sorcier Prospero qui devient
ainsi le maître des deux. Il le laisse à ce fatal besoin qu'-
ont les petits exclus par les grands de déléguer leurs forces
à un seul contre les autres et contre eux-mêmes, ordinaire-
ment au pire, fut-il Satan en personne et son règne celui de
l'enfer. C'est l'invariable histoire des tyrannies partout, des
Pisistrates en Grêce, des Césars à Rome, des Médicis à Flo-
rence, et des Bonaparte en France. Toute démocratie di-
visée en gras et maigres, riches et pauvres, vainqueurs et
vaincus, propriétaires et prolétaires, finit ainsi par la même
tempête et le même sorcier qui promet l'égalité et prend
d'abord la liberté. Or, rien ne se désapprend comme la
liberté sous l'égalité de férule. Après avoir dûment
trompé, lié et fouetté l'élève, Prospero le corrompt. C'est
dans l'ordre. Intimidation d'abord puis corruption. Les
Bourbons ont pourri la noblesse, les Orléans la bourgeoisie ;
Bonaparte pourrira le peuple, et tout sera dit. Il a
propagé le mal jusque dans le terrain primaire. Il tient
jusqu'à à l'âme des portiers dans sa poche. Il emprunte
aux mendiants pour donner au souverain. C'est l'empire-
juif, et son ministre est Fould, bien plus magicien que les
Prosperos de la Royauté. Ils disaient aux riches: enri-
chissez-vous ! ce qui n'est pas sorcier. Il dit aux pauvres :
Prêtez - moi ! ce qui est plus fort ! et ils lui prêtent.
Prêtez-moi et vous aurez des bons de pain. Prêtez-moi et
vous aurez des bons du Mexique. Prêtez-moi et vous aurez
des bons d'Invalides. Et le peuple, malgié les bons
de Cayenne aussi, ensorcelé par lui, abandonné par vous,

déserte peu à peu la révolution, s'enfonce de plus en plus dans le cul-de-sac économique, dans la sentine imperialiste, où il mange le pain de gland et boit le vin de Circé.

Il est temps ! reprenez-lui ce peuple, reprenez-le avant qu'il ait perdu tout sens humain. Vous êtes la vue de cet aveugle, la vie de ce malade, l'honneur de ce maudit, le salut de ce damné. Pitié pour l'éternel Lazare qui depuis tantôt vingt siècles à la porte de palais ou temple, fait inutilement sa prière du pain quotidien! Pitié pour le pauvre Protée qui ne sait plus à quel saint se vouer, ni quelles poses prendre afin d'être exaucé, se tournant et se retournant sans cesse sur sa faim, essayant toutes les providences et toutes les panacées, tombant d'anarchie en esclavage, jacobin avec Robespierre, soudart avec Bonaparte, jésuite avec Louis XVIII, boutiquier avec Louis-Philippe, rentier avec Louis-Napoléon, et toujours affamé ! Agitez-vous, agitez-le, rendez lui sa foi en vous, en lui-même, sa foi dans son histoire, dans son honneur, dans son droit, dans sa force, cette foi toute puissante qui fait les miracles, qui tire l'eau du rocher et les prisonniers des Bastilles, cette foi française qui hait parce qu'elle aime, qui brûle échafauds et trônes pour chauffer les fours et multiplier les pains. Agitez-vous, imitez l'ennemi, concentrez tous vos efforts sur ce peuple de Paris, l'espoir de la France, comme la France est l'espoir du monde. C'est votre part ! assez belle pour vous tenter peut-être ! France et monde en vos mains! tout mouvement de Paris est tremblement de terre ! Agitez-vous ! Il est si facile d'animer ce peuple, cette poudre, si aisé de lui montrer mieux que conscription et guillotine, de le soulever pour le droit. Puisque vous êtes ses maîtres, éclairez-le ! Puisque vous êtes ses guides, dirigez-le ! Puisque vous faites de l'enseignement et de la révolution, donnez lui exemple et leçon ; revenez à lui, rentrez en lui. Dites lui qu'il se trompe ; qu'il met la charrue avant les boeufs, la liberté économique avant la liberté politique, la fille avant la mère, le ventre au dessus de la tête ; qu'il ne s'agit ni de grève ni de salaire, mais de révolution ; que le socialisme sans la république est un mensonge, et la démocratie impériale une absurdité ; que le fond sans la forme est impossible ; que l'homme n'a pas la forme de l'huitre et démocratie forme d'empire ; que tout pour le peuple sans le peuple est un affront et un leurre ; que démocratie aux démocrates et tyrannie aux tyrans, et les vaches seront bien gardées ; que le peuple français est assez grand garçon pour faire ses affaires lui-même ; qu'il n'est pas un enfant ni un vieillard pour avoir curateur ou tuteur, qu'il n'est pas un roi fainéant pour prendre un maire du palais qui le gruge ; qu'il ne doit pas changer son titre de peuple souverain pour celui de peuple entretenu ; que le nourrisson dépend de la nourrice, que le foetus a un cordon, la plante une racine, le chien une chaîne et le salaire un livret ; qu'il s'agit pour lui d'être autonome ou automate, un peuple d'hommes ou un carré de choux. Ditez lui que malgré tous ses vices, l'empire français ne peut être l'empire romain, qu'il n'a ni laboureurs d'Egypte pour nourrir, ni gladiateurs de Thrace pour distraire sa plèbe ; mais que le peuple français a mieux que cela, le sens moral, l'instinct du droit et l'amour du travail ; qu'il n'est pas un gueusard vivant d'aumône, ni un payen vivant du travail d'autrui ; que le travail n'est pour lui ni une peine comme le dit Moïse, ni une honte comme le dit Bramah, ni un frein comme le dit Guizot, ni une grâce comme le veut Bonaparte, mais un droit comme le veut la révolution ; que le travail doit être enfin son propre maître comme son propre prêtre, son propre juge et son propre soldat, en un mot qu'il doit être souverain, et qu'il ne peut l'être que par la révolution ; que le travail veut son instrument, le capital, qui a été monopole de rois, puis privilège de nobles et de riches et qui doit être droit du peuple ; que le travail après avoir été mangé, asservi, salarié, doit rejeter cette dernière forme d'anthropophagie et devenir associé ; qu'enfin l'association est bonne et l'échange parfait, si le peuple a quelque chose à associer, à échanger ; et qu'il n'aura rien sans la révolution.

Cela dit, union et action ! C'est le cri de tous ceux qui ont pu ou voulu sauver le droit, anciens et modernes. C'est celui de Washington proscrit à ses concitoyens ivres d'individualisme, disputant de leurs intérêts fédéraux sous le canon de George III. Le patriote virginien leur disait : " Assez de schisme et d'anarchisme, ni sectes ni querelles, union et action." Ils l'écoutèrent, et ils furent libres.

C'est le cri de Guillaume d'Orange proscrit à ses concitoyens hébétés de localisme et de protestantisme disputant de la grâce sous le gibet de Philippe II. Le patriote hollandais leur disait : " Assez de controverses ! assez de dissolvans ! Ne montez pas chacun sur un arbre comme des

Baptistes pour voir si le Saint-Esprit descend à votre secours! Secourez-vous! Ni sectes ni querelles, union et action!" Ils l'écoutèrent et ils furent libres.

C'est le cri d'un autre proscrit, de Démosthène à ses concitoyens abrutis d'égoïsme et de philosophie, disputant de l'Idéal et du Réel sous l'oeil clair-voyant du borgne de Macédoine. Que disait le patriote grec pendant que la science courtisait Denys et instruisait Alexandre? "Assez de sagesse, un peu de vigueur; assez de sophismes neufs ou non, un peu de bon sens! Ni sectes ni querelles! union et action! Reprenez les vieux moyens, la pique de Marathon et la rame de Salamine, le coeur d'Harmodius et d'Aristogiton. Hélas! C'est comme s'il eut dit: Vieillards soyez jeunes, morts soyez vivants! Ils ne l'entendirent pas et ils furent esclaves. Liberté et *Logos*, le double flambeau d'Athènes sombra dans une double nuit, servitude et barbarie.

Union et action! C'est aussi notre cri d'exil et votre gage de liberté. Nous qui ne valons guère que par notre sentiment, nous vous disons ainsi comme ces grands citoyens et avec même émotion car il s'agit de même fin: Assez de sagesse, un peu d'audace; assez de promenades, un peu d'ensemble; assez d'études, un peu d'efforts; assez de prudence, un peu de folie, d'exaltation, d'enthousiasme! Raison est belle et bonne, mais en temps et mesure; raison n'est pas tout l'homme; il y a passion aussi, dans les jeunes surtout; jeunesse est soeur de foi et de vie: science de vieillesse et de mort. Quand la Grèce croit, elle vit; quand elle sait, elle meurt. Ainsi de Rome. Aristote précède Philippe, et Lucrèce César. La science sans la conscience est nulle pour le moins; elle n'a par elle-même ni coeur ni âme, servante à tout faire, aux gages de tout maître, pas plus sûre d'ailleurs qu'elle n'est pure. Vous êtes plus certains d'aimer la France que de la sauver par la fédération. Ce qu'il y a de plus sûr, comme ce qu'il y a de plus fort dans l'homme, c'est encore le sentiment. Un homme se jetant à l'eau pour en sauver un autre est plus vrai qu'Aristote et Platon. Il ne calcule rien, n'associe rien, n'échange rien; il cède à la science des sciences, à la force des forces, il se dévoue. Ah! ne troublons pas la source du dévoument. Nous n'en aurons jamais de trop! N'éteignons pas l'esprit de sacrifice. Nous en avons plus besoin que jamais. Le sacrifice n'est ridicule que fait contre l'avenir comme ceux du bon chevalier. L'intérêt n'est pas le ciment romain qui le rempla-

cera. L'égoïsme, Montaigne l'a dit, l'égoïsme est odieux. Ne nous annulons pas honteusement par l'indifférence et l'antagonisme ! Parti qui tombe se morcèle. Ne nous pulverisons pas ! Ni classes ni repos, ni sectes ni querelles. Ce n'est pas le moment sous le pied de l'ennemi. Debout et de l'avant tout le monde, jeune et vieille République, étudians et ouvriers ! Rappelons-nous le mot du premier démocrate de la France, Laboëtie : " Tous contre un !" Point de ruisseaux, le fleuve ! Tout le courant contre la digue ! En révolution Saint-Germain ne peut rien sans Saint-Antoine ; mais Saint-Antoine peut tout avec Saint-Germain. Soyons révolutionnaires sous l'empire et socialistes sous la république. La révolution prime tout, tient tout. Les sectes ne sont vraies qu'en ce qu'elles veulent, fausses en ce qu'elles nient et se niant toutes, et le peuple, celui de France surtout, entier par nature, veut tout ou rien. Il est dogmatique et fanatique d'unité. A tort ou à raison, et si bons qu'ils soient, il ne se croisera pas pour le Phalanstère, il ne formera pas quatorze armées pour le *Circulus*, il ne se lévera pas en masse pour la Banque d'échange. Il ne se lévera en masse que pour le tout, pour l'intégral et le général, pour les trois grands principes de sa trinité indivisible : Liberté, Égalité, Fraternité !

Fils de la Bourgeoisie, de la seconde noblesse, petits-fils du privilège, espoir du droit, vous êtes grâce à la révolution, les médiateurs nés du capital et du travail ! Etudians de toutes sciences, depuis les abstraites et les transcendantes jusqu'aux arts et métiers, vous êtes les médiateurs du savant et de l'ouvrier. Jeunes gens dans la fleur de l'âge, vous êtes les médiateurs du passé et de l'avenir. A tous ces titres, vous n'êtes étrangers à rien de ce qui est humain ; vous êtes le noeud des extrêmes, le lien des contraires, la solidarité vivante du peuple français. Vous vous devez plus à la grande famille n'ayant pas charge de la petite. Vous ne connaissez des peines de la vie que celles des autres; mais vous connaissez ses joies par vous-mêmes, assez pour apprendre aux autres ce qu'elles valent en les sacrifiant au droit ! Vous êtes assez bien élevés pour vous passer de Dieu ; mais vous l'êtes trop bien pour vous adorer à la place, pour ne croire qu'en vous, pour n'avoir pas besoin de croire aux autres, au multiple de vous-même, pour préférer la partie au tout. Si pourtant vous n'êtes pas prêts à faire vos preuves, à prouver que vous aimez le droit plus que matière, si vous n'étes pas prêts à donner votre forme individuelle pour la vie collective, si votre centre d'attraction est en vous et non dans autrui, si vous ne gravitez pas vers la masse, si vous ne vous sentez pas vivre dans chacun de vos frères, si vous n'avez pas une foi d'apôtre, un *credo* de martyr dans l'unité du droit comme de l'espèce, si vous ne croyez pas que le droit est Dieu et l'humanité son prophète, si vous n'avez pas croyance et conscience de cette vraie religion, de votre homogénéité, de votre identité avec le dernier homme du peuple ; allez ! vous manquez à votre mission et sans le savoir vous êtes plus chrétiens que vous ne pensez ! oui, plus conservateurs, plus capitalistes et plus catholiques que vous ne dites ; car vous croyez au salut individuel, au sauve qui peut et à la grâce de Dieu ! Ne parlez donc plus d'athéisme, de socialisme et de révolution. Le trône, l'autel et la bourse sont bien tranquilles sur votre compte. Vous ferez comme tant d'autres de bons sujets, de bons serviteurs, de bons contribuables et au besoin de bons fonctionnaires ! Vous laisserez l'empire au temps, tout passe, l'Empereur au grain de sable, le progrès au sénat, la république à vos fils, le triple crime de Paris, de Rome et du Mexique à la peine des tyrans, aux remords, à l'insomnie, — l'homme tue et veille — à l'immortalité de l'âme, à l'être-suprème enfin ! Quant aux hommes, vous leur laisserez cette fiche qu'il faut être le plus coupable pour être le plus puissant. Ah ! quand Brutus en fut là, du moins il se suicida ! Et vous vivez ! Ceux qui subissent les coups d'état comme ceux qui les font, croient à la force et ne sont pas dupes du droit ! Vivez donc et ne chantez plus la *Marseillaise*, mais amour sacré de la force, ou plutôt ne chantez plus rien ! taisez-vous, mariez-vous et faites des esclaves comme vous ! Vivez ! mais n'allez plus à Liège ! ou si la joyeuse entrée des Pays-bas vous plait, mettez-vous sur les rangs avec le Roi des Belges pour la Préfecture de Bruxelles. Vivez ! mais la vie d'un peuple est la part de droit qu'il réalise dans le monde ! Vivez ! la France mourra !

Mais, si vous êtes le digne sang de cette France, de la France du devoir, de cette France morale qui a fait de l'égoïsme une faute de langue comme de cœur, qui a dit: Le *moi* est haissable ; de cette France logicienne, folle d'absolu et de principe pour son honneur et son tourment. qui a dit : Périssent les colonies... périssent jusqu'à nos mémoires... fais ce que doit advienne que pourra ; de cette

France solidaire qui a dit : L'oppresseur d'un seul est l'oppresseur de tous ; de cette France unitaire, de cette mère qui a confondu tous ses fils ainés ou cadets dans la même loi de partage ; Comtois ou Bretons sous le même nom de Français ; de cette France égalitaire qui a proclamé pour tout Français les droits du citoyen et pour toute image de *Dieu* les droits de l'homme ; de cette France humaine qui a révelé au monde la seconde Bible, le troisième testament et le dernier Evangile selon Saint-Voltaire et Saint-Rousseau, qui a trouvé pour sa nouvelle religion ce nom même d'humanité ; si vous étes le vrai sang de la France, de cette Gaule, dont les fils combattaient liés les uns aux autres, pour qu'il n'y eut point de salut ni de revers individuel ; si comme nous le pensons, vous avez la foi de votre patrie, le génie de votre race, le respect et l'amour du peuple ; si vous avez enfin ressenti faim, froid, honte, toutes les lèpres du grand Job, porté comme le Cyrénaïque la croix du grand Christ, trouvé dans vos plaisirs et vos études comme un remords en vous demandant : qui suis-je ? De quel droit ai-je loisir et science ? Combien faut-il de pauvres pour faire un riche ? Pourquoi cinq ou six paysans là-bas sont-ils voués à me faire prince ? Par quel mérite suis-je étudiant et eux labourant ? Si vous pensez que vous leur devez cette science que leur nuit vous donne, que les plus heureux doivent être les meilleurs, alors vous ne laisserez rien à faire à d'autres, à l'étranger, à la postérité, à la providence. Vous vous acquitterez vous-mêmes ! Vous quitterez votre manteau de touristes et votre politique d'amateurs. Vous rentrerez dans le peuple en personne. Vous vous jeterez en armes comme Curius dans le fossé qui vous sépare des autres, creusé par le sort et comblé par le devoir. Pour le salut de tous, vous entendrez notre appel et ce dialogue qui le clôt.

1ᵉʳ Proscrit : Citoyen, (nous sommes restés citoyens ici) comment un ouvrier comme toi est-il proscrit ? Comment es-tu venu vivre en exil ? Toi le premier de ton art, tu pouvais faire fortune en France, tu serais médaillé, décoré...

2ᵉ Proscrit : J'entends ... comme un député de l'opposition. Et l'honneur ! et la cause ! Chevalier toi-même ! Je suis citoyen, je suis ouvrier. L'intérêt après Marianne! Fidèle au principe: Droit au travail ! et à la devise: Vivre en travaillant ou mourir en combattant. J'ai combattu en Décembre comme en Février pour la même cause et avec le même fusil, un fusil de famille porté comme la cause de père en fils. Mon père ouvrier et citoyen comme moi me l'a remis à son lit de mort en me disant : " Tiens garçon, c'est tout ce que j'ai gagné en Juillet. On dépose ça toujours trop tôt ! Mais ce n'est pas fini, et avec la manière de s'en servir, on peut arracher le reste !" Là-dessus, m'ayant fait tirer dans un morceau de velours du trône collé au mur, il s'est endormi content. J'avais touché. Si le fusil ne crève pas avant moi, je le repasserai de même à mon héritier. Et voilà comment je suis proscrit. Outil, fusil, exil, tout ça rime, mais ça ne rime pas avec bourgeois. C'est bien plutôt à vous, monsieur, qu'il faut demander pourquoi vous êtes proscrit.

1er Proscrit : C'est juste. Toi, c'est pour le droit, moi, pour le devoir. Toi c'est l'exemple de ton père, moi la leçon de ma mère. Toi c'est le courage de l'homme qui t'a enrôlé, moi le sentiment de la femme, ce qu'il y a de plus haut et de plus fixe dans notre nature, ce que les Chrétiens nomment l'amour du *prochain*, ce que nous nommons l'amour du semblable, ce qu'ils nomment charité et nous fraternité, ce qu'ils nomment divinité et nous humanité.

2e Proscrit : Voyons ça ?

1er Proscrit : Quand j'étais jeune, il y a quelque trente ans, au sortir du collège et avant d'aller faire mon droit à Paris, j'étais en vacances dans ma famille. Un certain samedi, jour de marché, jour de consultation pour mon père qui était avocat, je me trouvais dans son cabinet, quand un vieillard y entra. Cheveux blancs, bonnet de coton, souliers de bois et blouse de toile, quoiqu'à la fin d'Octobre, bref, un pauvre vieux paysan ! Il exposa son cas de son mieux, dit que l'année avait été dure, qu'il n'avait pu payer sa rente et que son maître, un maître nouveau, ne voulait pas renouveler son bail. Mon père qui était probe, après l'avoir écouté attentivement, puis lu et relu son acte, lui conseilla de ne pas plaider, les clauses étant claires et nettes contre lui. Le vieux paysan qui avait ses idées sur la propriété, s'exclama, objecta éloquemment que c'était injuste, qu'il avait amélioré la ferme, qu'il en avait fait la terre, qu'il y avait vieilli, etc., qu'on ne pouvait pourtant pas pour un retard d'un an le renvoyer de chez lui, du moins sans indemnité. Mon père lui répondit que ce n'était pas juste en effet, mais que c'était la loi ! Il lui répéta que ce serait procès et frais perdus de plaider et lui demanda enfin son plus bas prix, cinq francs pour la consultation ! Cinq francs ! s'écria le pauvre homme. Jamais je n'oublierai ce cri. Cinq francs pour quatre paroles, et pour me dire encore que je suis ruiné ! Cinq francs pour me dire que je suis un homme mort ! Mais vous ne savez donc pas ce qu'il me faut de travail et d'épargne pour avoir cinq francs ! Et à chaque mot prononcé d'une voix tremblante, il s'exécutait, il déliait d'une main convulsive un tour du cordon de sa bourse de cuir. Et à chaque son qu'il tirait de cette bourse une goutte de sueur tombait de son front, comme s'il eut tiré ce sou de son cœur. C'était pitoyable à voir comme à entendre. Après avoir compté et recompté pièce par pièce, et jeté un dernier regard avec un dernier soupir sur les cinq piles de son pauvre argent, Jacques Bonhomme sortit chancelant comme s'il eut été vide. Mon père avait repris son code. Ma mère qui était bonne et qui se trouvait là pour l'argent du marché, avait pris le billon du vieillard. Elle sortit après lui en me fesant signe de la suivre. Quand nous fûmes tous trois dans l'antichambre : "Tu vois bien ce pauvre homme, me dit-elle, eh bien ! c'est son argent qui te nourrit, c'est son pain noir qui paie ton pain blanc, sa blouse qui paie ton frac, son bonnet ton chapeau, ses sabots tes souliers ! Tiens, rends lui ses *dix* francs et souviens-toi ! — Je me suis souvenu !... Dès ce jour j'étais tout au peuple, et c'est pourquoi citoyen, le bourgeois est proscrit comme l'ouvrier."

Idéal ou réel, ce dialogue est l'histoire de tous les ouvriers, comme de tous les étudians. Les ouvriers ont tous plus ou moins un vieux fusil patrimonial. Vous étudians, vous avez tous l'argent dans vos familles, la loi dans vos pères, la grâce dans vos mères et la dette du paysan en vous ! Vos mères, voici vacances, vous allez les revoir... nous n'avons pas revu les nôtres. Souvenez-vous du paysan, et payez votre dette ! Nous avons payé la nôtre de notre mieux, au prix de famille et patrie, de tout ce qu'il y a de plus cher à l'homme, après le droit ! C'est notre seul titre à vous écrire cette lettre, satisfaits si un seul d'entre vous l'ayant lue, ferme ses livres comme Barbès et dit comme lui : Assez de science, agissons !